Tayeb Alain Boualam

Poèmes

Du même auteur

BOD Editions : Poérésie et élégies du silence.

Baudelaire Editions : Lire en mangeant ça fait rêver quand on

est mort. (roman)

L'AMANT EFFRONTE

Vision

Je te vois

Transie à l'orée du regard

Impudique

Qui t'honore pourtant.

Je te vois

Tremblante à l'idée de mon geste

Egalement impudique

Qui saura t'éveiller.

Je te vois

Egarée dans mes mains

Gisante sur mon ventre

Silencieuse

Désappropriée

Tu ne m'appartiens pas.

Le chapelet

Seul et troublé

J'égrène

Le chapelet

De ton absence

Temps souillé

Espoir figé

Perles d'errance.

Une jonquille

Ciels ardoise

Qui tardent à mourir

Ciels d'albâtre

Que vent dispersera

Ciels carmin

Enflammés de sommeil

Ciels obscurs

Grondant de méchanceté

Tous les ciels recroquevillés

Dans la jonquille de ton regard.

L'amant effronté

Je suis nu

Je suis triste

Je suis ta peur, ta soif, l'exubérance de ta sagesse.

Je suis brouillé, brouillon, brouillard, broutille.

Je suis l'ami-amant, l'assujetti, le fidèle absent,

Le délinquant sexuel banni, la maitresse folle,

Le chien tombé dans l'oubli.

Je suis nu

Je suis triste

Je suis l'éparpillé, l'avalé, le disloqué…

Je suis ta vierge, ton rien, ta chose et ta putain.

Je suis le narrateur vacillant de nos désillusions, le poète

inutile et hagard,

Je suis l'errance, je suis l'absence,

Je suis l'obsolescence de tes rêves et pensées.

Je suis nu et suis triste,

Suis ton inachèvement,

Ta perle et ton obscène,

Ta flaque d'or et l'eau de tes yeux.

Je suis nu rapetissé.

Je suis triste enseveli,

Suis ta paresse, suis ton mensonge

Comme ton désir illimité.

Je suis nu

Je suis triste

Je suis l'amant effronté,

L'absent effondré, le maraudeur de tes ivresses,

Ta coulée de lave et ta brindille,

L'âpre salive de ta tristesse,

La grimace ironique de ton plaisir.

Je suis nu

Je suis triste

Je suis ton dieu déchu

Ta chute et ta culbute

Ta viande crue

Et ta proie consentante

Le seul chemin que tu arpentes

Dans la nuée des jours

Dans la buée des nuits

Sans autre robe de velours

Que celle portée par mon ennui.

Au dedans

J'ai cette douleur du dedans

Immobile

Muette

Etranglée

Cette douleur aux multiples visages

Multiples prénoms

Multiples regards

Qui ne laissent plus à dormir

Ne laissent plus à rêver

Ne laissent plus à sourire.

Cette douleur du dedans

Ne cesse d'exaspérer

La froide usure des temps

Qui ne peuvent plus voler.

Les fleurs de tournesol

Dans les pages impalpables de tous mes souvenirs,

Elle fait ombre et lumière que rien ne peut ternir.

Ses rires résonnent

Ô fossettes joyeuses

traits purs instant de joie

Ses lèvres si soyeuses

firent l'élan à ma voix

Divin velours de ses regards

Ô nombreuses furent les nuits

étreintes pâles inoubliées

dans la chaleur de nos bruits

puis des silences apaisés

Pieuvre de ses mains à ma peau dessalée

mon unique douleur

fut d'être capturé

Je naquis en ces heures

pour ne plus trépasser

Dans l'adieu dévorant germa une certitude

Le souffle de l'absente n'est jamais solitude

Il enfante le regard

et brise tout silence

Je bénis ce hasard

qui fut robe en partance.

Fidèle je le restai

Contre vents et marées

Enlaçant en pensées

Sa robe de mariée

Dans moi depuis…

Dans moi

Alangui

Je somnole

Les affres de la vie

Me sont fleurs de tournesol.

Pluie cruelle

Les pluies à ma fenêtre

Sont musiques silencieuses

Comme larmes éphémères

Des épouses malicieuses

L'une d'elles me fut brune

Comme une nuit profonde

Quand l'autre me fut blonde

Tel un rayon de lune

Mais de son trône nacré

La rousse très amusée

Somnole

Contemple

Ordonne

De son pied daigne l'offrande

M'affole

M'immole

En toute cruauté

Avant de m'inonder

D'une pluie rêveuse

D'une pluie cruelle

Et silencieuse.

L'inoubli

Ses jambes firent l'étau joyeux

A mes reins endoloris

Ô cachot somptueux

Où se mura ma vie.

Les printemps sont hier

Les étés sont fanés

Nous n'irons plus danser

Qu'aux grilles d'un cimetière.

Vois !

Contemple

Et tremble,

Bel amant d'autrefois !

Les belles ne sont plus nues

En tes mains fatiguées.

Elles sont sagement vêtues

De baisers oubliés.

Seul l'étau somptueux

A tes reins affaiblis

Retient encore l'adieu

Dans l'impossible oubli.

Le châle

Elle croise et décroise

Une longueur de jambe

Insolent mouvement de pureté

A l'infinie beauté

Croise et décroise

Tricote le désir

Fait les mailles au regard

Tisse l'instant de plaisir

De la main qui s'égare

Cuisse nacrée

Courte robe de mariée

Elle croise et décroise mes sourires

Mes rires et mes soupirs

Déshabille la patience

Et brode de sa pâleur

Un voile de pudeur

Un châle d'insouciance.

Ce lit

Ce lit

Fut une vaste prairie

Au sommeil ondoyant

Dans la douceur des vents

Fut tes cheveux défaits

Comme des herbes folles

Où chaque astre naissait

Chacun à tour de rôle

Fut ces fleurs de printemps

Qui ne se fanaient pas

Et parfumaient l'élan

Dans les plis de nos draps

Ce lit

Fut une terre nouvelle

Evoquant le mystère

Qui enfin se révèle

A l'homme émerveillé

De la femme rebelle

A l'amant effronté

Qui ne vécut que d'elle.

L'inoubli (Fin)

Rougis de mes regards

Rougis

Je suis goguenard

Au désir anobli

Souris à mon amusement

Souris

Je suis le bel amant

Au feu inassouvi

Blêmis à mes pensées

Blêmis

Je suis l'ogre du passé

A l'impossible oubli

Gémis à mon absence

Gémis

Je suis l'âme dont l'errance

N'épousa que ta vie.

LES ROBES

Le lien

Je suis nu sans équivoque

Douce fut la parure

Que tu m'avais offerte

J'en ai le net souvenir

Nous étions alités

Toi d'émeraude

Moi de feu

Nous gisions côte à côte

En un souffle élargi

Toi buée

Moi ému

Alors aveugles

Nous consumions nos tragiques destins

Entremêlés d'ivresse

Nous rêvions de fusion

Tu portais du mystère

Le visage attendu

Je n'avais pour richesse

Qu'un corps désemparé

Nous nous mariâmes sans un mot

Nous mariâmes sans le dire

Sans même nous en apercevoir

A l'aube nous étions unis

Lien de soie

Lien fragile

Que le réel brisa

Quand tu quittas le lit

Abandonnant ta robe

Et tes souliers vernis

Pour plonger dans le flot

Des demains désunis.

Pudeur

La robe est blanche

Déroule ses hanches

Légère

Comme sont les vents d'été

Aux cheveux d'une mariée.

Parfois la robe est bleue

Envole les ciels

Gracile

Dévoile la cuisse

Et capture l'œil.

Mais ses mains agiles et fermes

Interdisent l'impudeur.

Quand la robe devient noire

Néfaste est le présage.

Le creux d'épaule alors

Est d'une pâleur si sage

Qu'il ordonne la retenue.

Ses robes font

Et défont mes regards.

Ils s'émerveillent d'un bras

D'un genou dévoilé.

Ils songent à la beauté

Sous les plis calfeutrée.

Ils s'alanguissent et tremblent

De devoir patienter.

Ses robes font

Et défont mes regards.

Ils conservent intacts

Les secrets dévoilés

Jadis à mes doigts amusés

Qui gardent en ombre lisse

Le pudique souvenir

Des instants de délices.

Deuil

Sur les draps frais

La robe est dépliée

Dit le corps évaporé

Le corps enfoui

Le corps oublié

Dit l'acte inachevé.

Par le poids des années

Et par ma nudité

J'ai le deuil assagi.

Mon œil lisse chaque pli

Ma main caresse le contour

Mes lèvres enferment le murmure…

Nous ne nous verrons plus.

Nu

J'ai beau tricher, mentir et feindre,

Chaque jour me vêtir d'outrages,

Me travestir à tout regard,

Porter les haillons de l'indifférence

Ou les guêtres de la défaite,

M'enrouler de brouillard,

M'envelopper de ronces,

Me parer de poussière

Et de rais de lumière,

M'enrober de prières

Ou de rires amers,

Je reste nu,

Dépouillé

Et transi.

Je reste une ombre

Qui s'étire en vain,

Un crève-la-faim

A la sale figure,

L'épouvantail sûr

A tout bleu lendemain.

Ta seule robe

Fut ma douce parure,

Que m'importe l'opprobre

Tissée à mes allures.

Naissance

Il fut un temps

Le geste fut hasard

Et pur dans son élan

Je posai le regard.

Regard bleu

Regard blanc

Regard éclaboussé

A la robe immaculée...

Ainsi naquit-elle

Enlacée de silence

Dans les plis d'un sourire

A peine ébauché

Et dans le coin d'un œil

Conquis et amusé.

La robe défaite

Trop de rêves

Trop de roses

Trop de matins défaits

Soumis à ton parfum

Trop de mots

Trop de chants

Trop de mains ahuries

Crispées à ton vouloir

Trop d'errances

Trop d'exils

Trop de morts inutiles

Enragées à tes seins

Mais pas d'épuisement

Aucune vanité

Juste une robe défaite

Que tu laissas trainer

Pour conjurer l'oubli

Juste une robe défaite

Abandon d'une fuite

Robe longue

Traine sombre

A feue mon éloquence

Juste une robe éteinte

Là où luisait la cuisse

Juste cette robe vide

Guenille de ta beauté

Et robe crue

A ma voracité

Robe vieille

Robe belle

Dont se pare ma folie

Qui en refait l'ourlet

Année après année

Dans les plis de l'été

Que tu avais porté.

Nue

Nue dans sa robe légère

Elle arpente ma mémoire.

Reflet dans le miroir

Vision passagère

D'une fesse dévoilée,

Elle évapore la sève,

Dilue ma soif de beauté

Dans un grand bol de rêve.

Robe dernière

Ne rien posséder d'autre

Que la robe du pauvre

Parure d'un été

Qui ne fit que danser

Offrant à l'impudeur

La plus pure pâleur

Donnant à voir

Donnant à aimer

Un court instant se croire

Dans la plus vaste éternité.

Ne rien posséder d'autre

Que des robes envolées

Et regards envoûtés

Ou clins d'œil discrets

Tous très vite oubliés

Quand naquit cette robe-là

Que je crus éphémère

S'enroulant à mon bras

Pour être la dernière

Et d'entre toutes

L'unique rescapée.

Les robes

Robe fine

Déroule la hanche

Robe longue

Sourit à la cheville

Robe pudique

A la nacre du genou

Robe courte

Non non jamais

Elle sourit

Puis rougit.

Robe légère

Dans les danses de l'été

Robe défaite

Le temps d'une conquête

Robe de mariée

Promesse de pureté

Puis robes abandonnées

Robes vides

Robes délaissées

Au détour des années

Dans les plis défroissés

De l'éternelle beauté.

© 2018, Boualam, Tayeb Alain
Edition : Books on Demand,
12/14 rond-Point des Champs-Elysées, 75008 Paris
Impression : BoD - Books on Demand, Norderstedt, Allemagne
ISBN : 9782322166091
Dépôt légal : novembre 2018